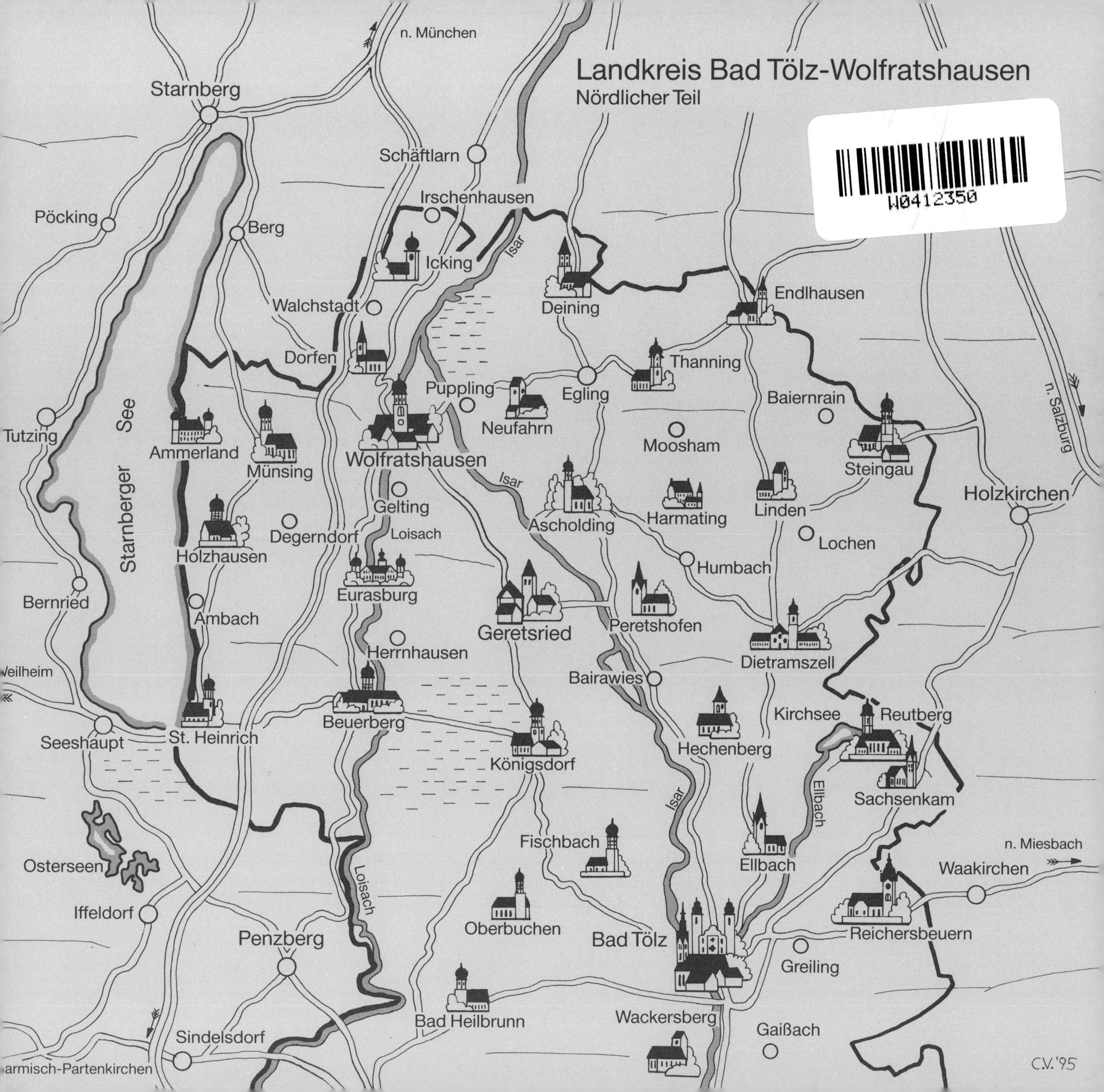
Landkreis Bad Tölz-Wolfratshausen
Nördlicher Teil
n. München
Starnberg
Schäftlarn
Irschenhausen
Pöcking
Berg
Icking
Isar
Deining
Endlhausen
Walchstadt
Dorfen
Thanning
Puppling
Egling
Neufahrn
Baiernrain
Tutzing
See
Ammerland
Münsing
Wolfratshausen
Moosham
Steingau
n. Salzburg
Starnberger
Isar
Holzkirchen
Gelting
Holzhausen
Degerndorf
Loisach
Ascholding
Harmating
Linden
Lochen
Humbach
Eurasburg
Bernried
Ambach
Geretsried
Peretshofen
Dietramszell
Herrnhausen
Weilheim
Bairawies
Kirchsee
Reutberg
Seeshaupt
St. Heinrich
Beuerberg
Königsdorf
Hechenberg
Sachsenkam
Isar
Ellbach
Fischbach
n. Miesbach
Osterseen
Loisach
Ellbach
Waakirchen
Iffeldorf
Oberbuchen
Bad Tölz
Reichersbeuern
Penzberg
Greiling
Bad Heilbrunn
Wackersberg
Sindelsdorf
Gaißbach
armisch-Partenkirchen
C.V. '95

Martin und Brigitta Siepmann

Im Landkreis Bad Tölz-Wolfratshausen

Martin und Brigitta Siepmann

Im Landkreis Bad Tölz-Wolfratshausen

BAYERLAND

Abbildung auf dem Buchumschlag:
vorne: Kloster Benediktbeuern
hinten: Isarauen (oben)
Marktstraße in Bad Tölz (unten links)
Blick auf Wolfratshausen (unten rechts)

Book cover depiction:
at the front: The monastery in Benediktbeuern
at the back: Along the Isar (above)
Market Street in Bad Tölz (bottom left)
View of Wolfratshausen (bottom right)

In gleicher Aufmachung sind außerdem erschienen:

An Leitzach und Mangfall
ISBN 978-3-89251-178-6

Bilder aus dem Dachauer Land
Die Große Kreisstadt und der Landkreis
(Deutsch – Englisch)
ISBN 978-3-89251-334-6

Im Tegernseer Tal
ISBN 978-3-89251-159-5

Im bayerischen Bäderdreieck
(Deutsch – Englisch)
ISBN 978-3-89251-324-7

Im Herzen Altbayerns
Die Landkreise Erding und Freising
(Deutsch – Englisch)
ISBN 978-3-89251-306-3

Im Ostallgäu
Landkreis und kreisfreie Stadt Kaufbeuren
(Deutsch – Englisch)
ISBN 978-3-89251-282-0

Im Landkreis Landsberg am Lech
(Deutsch – Englisch)
ISBN 978-3-89251-270-7

Im Starnberger Fünfseenland
(Deutsch – Englisch)
ISBN 978-3-89251-257-8

Im Berchtesgadener Land
(Deutsch – Englisch)
ISBN 978-3-89251-244-8

Im Landkreis Weilheim-Schongau
(Deutsch – Englisch)
ISBN 978-3-89251-230-1

Isarrauschen
Von der Quelle bis München
ISBN 978-3-89251-353-7

Werdenfelser Land und oberes Ammertal
(Deutsch – Englisch)
ISBN 978-3-89251-213-4

Landschaft in Bayern
Walchensee – Kochelsee – Staffelsee
ISBN 978-3-89251-200-4

Am bayerischen Meer
Chiemsee – Chiemgau
(Deutsch – Englisch)
ISBN 978-3-89251-174-8

Im Isarwinkel
ISBN 978-3-89251-259-2

Verlag und Gesamtherstellung:
Druckerei und Verlagsanstalt »Bayerland« GmbH
85221 Dachau, Konrad-Adenauer-Straße 19

Fotos: Martin Siepmann

Einleitung und Bildtexte: Brigitta Siepmann

Übersetzung: Anne Heritage

Grafik Buchvorsatz: Christine Valk

4. Auflage 2008
Printed in Germany · ISBN 978-3-89251-220-2

Einleitung

Blau schimmern im Süden felsige Gipfel. Im Mittelgrund schieben sich die dunklen Bergrücken der Voralpen ineinander. Davor Moränenbuckel, vor langer Zeit von gewaltigen Gletschern zusammengeschoben und nun mit Waldinseln oder Wiesen überzogen. Kirchtürme mit orangen Satteldächern oder Zwiebelhauben ragen wie Masten aus dem Hügelmeer und verraten uralte Dörfer. Unten im Tal freut sich die Isar über die Wasser, die ihr von der Loisach bei Wolfratshausen zugeflossen sind und zieht silbrige Schleifen durch ihre ausgedehnten Auen.

Zweifellos, als die Gebietsreform 1972 die Altlandkreise Bad Tölz und einen Großteil von Wolfratshausen zum Landkreis Bad Tölz-Wolfratshausen zusammenfaßte, gewannen beide nicht nur an Finanzkraft. Erst seither erstreckt sich das Kreisgebiet von den hellen Kalkwänden des Karwendels im Süden an der Grenze zu Österreich über die Voralpen hinweg bis weit ins wellige Alpenvorland mit seinen blauen Seenaugen hinein. Grob umrissen bilden die Westufer des Walchen- und Kochelsees und das östliche des Starnberger Sees die Grenze im Westen. Im Norden schließt etwa auf der Höhe Schäftlarns der Landkreis München und im Osten entlang der Linie Endlhausen–Sachsenkam–Reichertsbeuern der Miesbacher Landkreis an.

Damals, 1972, war es eine reine Zweckehe, die die Altlandkreise schlossen. Das mag die Geschichte vom Wolfratshauser Krautlöffel und vom Tölzer Prügel zeigen: 1772 sollen die Tölzer Flößer den Wolfratshausern einen überdimensionalen Krautlöffel zukommen haben lassen, weil diese für ihr Kraut eine so unbegreifliche Vorliebe hätten, daß sie es statt mit der Gabel mit dem Löffel äßen. Die Wolfratshauser revanchierten sich mit einem zwei Meter langen Prügel. Dieser sei als Sinnbild für Charme und Lebensart der Tölzer zu verstehen, seien sie doch wegen ihrer groben und ungehobelten Art im ganzen Land bekannt. Damals soll die Angelegenheit mit einer handfesten Rauferei in Königsdorf ausgetragen worden sein. 1972 ging es zivilisierter zu. Aber Bauchgrimmen verursachte es den Wolfratshausern schon, als sie ihr gewohntes Nummernschild gegen ein Tölzer Autokennzeichen eintauschen mußten. Und das für den Fremdenverkehr erfundene Landkreissynonym »Tölzer Land« ist auch nur die halbe Wahrheit; denn wie Tölz vorher den südlichen Landkreis beeinflußte, ist der nördliche untrennbar mit Wolfratshausen verbunden.

Soviel zur jüngsten Entwicklung in unserem Gebiet um Isar und Loisach; für uns wichtig und doch nur ein Mosaiksteinchen in Jahrmillionen wechselvoller Geschichte, die dem Land Form und Seele gaben.

Lange waren es vor allem erdgeschichtliche Ereignisse wie die Auffaltung der Alpen, Klimawechsel und Flüsse wie Isar und Loisach, die den Charakter der Landschaft prägten. Irgendwann kamen Menschen in dieses sumpfige, wilde Land. Aus der Jungsteinzeit (5500 bis 1800 v. Chr.) wurden Steinäxte und Pfeilspitzen gefunden. Reste einer befestigten Siedlung auf der Großen Birg bei Altjoch am Kochelsee sind Siedlungszeugnisse aus der mittleren Bronzezeit (1500–1200 v. Chr.). Etwa 450 v. Chr. erschienen die Kelten im Land vor den Alpen. Die Überreste ihrer geheimnisvollen Viereckschanzen aus dem letzten Jahrhundert vor der Zeitenwende sind im nördlichen Landkreis besonders häufig. Auch die Flußnamen Loisach, das unheimliche Gewässer, und Isar, die Reißende, sind keltisches Erbe. 15 v. Chr. übernahmen die Römer die Herrschaft und blieben über vierhundert Jahre lang. Im Landkreisgebiet hinterließen sie wenig Spuren. Der Name »Walchensee« ist eine davon. Er geht auf die »Walchen« zurück, Römer oder doch romanisierte Bevölkerungsgruppen, die nach Abzug der römischen Besatzungsmächte zurückblieben. Einige davon ließen sich an den Ufern dieses stillen Bergsees nieder und führten dort ein zurückgezogenes Leben.

Ab dem 6. Jahrhundert besiedelten Bajuwaren die Talgründe und das offene Land. Ihre Herzöge aus dem Geschlecht der Agilolfinger initiierten die Christianisierung Altbayerns durch iro-schottische Mönche. Im 8. Jahrhundert entstanden die ersten Klöster: im Landkreisgebiet Benediktbeuern, fast 1000 Jahre lang kraftvolle Oase des Glaubens, der Kunst, der Wissenschaft und Macht; Schlehdorf, zeitlebens bescheidener und im Schatten des mächtigen

Nachbarn stehend; ein Frauenkloster bei Kochel, das jedoch im 10. Jahrhundert wieder unterging. Sie wurden von dem begüterten Adelsgeschlecht der Huosi gestiftet und dienten als Bollwerk gegen das Heidentum, vor allem aber gegen das übermächtige Frankenreich. Karl dem Großen gelang es 788 dennoch, den letzten Herzog der Agilolfinger, Tassilo III., durch einen Gewaltakt zu entmachten. Aber der Grundstein für die typisch altbayerische, vor allem kirchlich geprägte Kultur war damit auch im heutigen Landkreisgebiet gelegt.
Wir verdanken es vor allem den alten Klöstern, daß wir der geschichtlichen Entwicklung ab dem 8. Jahrhundert besser folgen können. Urkunden und Dokumente geben Auskunft über Besitzverhältnisse und Ansiedlungen im Landkreisgebiet, wenn auch nicht unbedingt über deren tatsächliche Gründungszeit. Münsing erscheint 740, danach Deining, Thanning, Egling, Ascholding und Icking. Der Bevölkerungsdruck wuchs, und neue Dörfer entstanden. Anfangs endeten die Ortsnamen noch mit -ing, dann jedoch auf -heim, -ham, -kam, -hofen, -kofen, -hausen, meist mit einem Personennamen verbunden, und später noch auf -bach oder -dorf. Die Ortsnamen selbst lassen also durchaus Rückschlüsse auf das Alter einer Siedlung zu und zeigen uns, daß der Isarwinkel südlich von Bad Tölz, zu dem auch die Jachenau gehört, erst relativ spät richtig erschlossen wurde. Bis zum 13. Jahrhundert war die Besiedelung weitgehend abgeschlossen. Die Ansiedlungen, bäuerliche Einzelhöfe und Weiler eingeschlossen, lagen also in etwa dort, wo wir sie noch heute finden. Das heutige Landkreisgebiet war jahrhundertelang zwischen kirchlichen und einer langen Reihe weltlicher Herren aufgeteilt. Vor allem die Klöster Benediktbeuern, Schäftlarn und Tegernsee hatten ausgedehnte Besitzungen. Unter den weltlichen Herren fanden sich bekannte und weniger bekannte Namen, so die einst mächtigen Grafen von Dießen-Andechs um Wolfratshausen, die Herren von Hechenberg-Reginried und die Herwarths, eine Augsburger Patrizierfamilie, die von der Hohenburg bei Lenggries aus ab Mitte des 16. Jahrhunderts fast 250 Jahre lang die Geschicke des Isarwinkels mitbestimmte. Die Klöster wurden 1803 säkularisiert, doch manche erstanden noch einmal neu. So ist Benediktbeuern heute wieder Zentrum des Glaubens und der Begegnung, Schlehdorf Ausbildungsstätte der Missionsdominikanerinnen und Beuerberg Salesianerkloster. Aber das Klosterleben ist stiller, unpolitischer geworden. Auch der Adel verschwand nach und nach aus dem öffentlichen Leben. Von den vielen Burgen und Schlössern im Landkreisgebiet sind nur wenige erhalten, und die sind meist nicht öffentlich zugänglich. Was blieb, sind Bauerndynastien, die, gleichzeitig von ihrem Land geprägt, es seit Jahrhunderten gestalten.
Beenden wir den geschichtlichen Überblick, um den Landkreis näher kennenzulernen. Noch bis Anfang des 20. Jahrhunderts hätten wir uns dazu auf einem Floß die Isar und Loisach flußabwärts tragen lassen können und hätten schon viel gesehen.
Ab Mittenwald war die Isar früher floßbar. Aber seit 1924 wird ihr im Oberlauf bei Krün viel Wasser entzogen, um als Walchenseewasser die mächtigen Turbinen des Walchenseekraftwerkes bei Altjoch am Kochelsee anzutreiben. Ihr wasserreicher Zufluß, der wilde Rißbach, teilte 1949 dieses Schicksal. Die Jachen, ehemals selbst floßbar und natürlicher Abfluß des Walchensees, darf die Isar nur noch verstärken, wenn es der Pegel des Walchensees erlaubt. 1957 mußte das alte Flößerdorf Fall, bestens bekannt durch den wildromantischen Roman Ludwig Ganghofers »Der Jäger von Fall«, dem Sylvensteinspeicher weichen. Er sollte nach Vorstellung der Planer vor allem das Niedrigwasser der Isar aufbessern, wird diesem Anspruch jedoch mangels Wasser nicht gerecht. Diese und weitere Eingriffe veränderten den Wildflußcharakter der Isar erheblich. Die Lenggrieser Flößer trauern noch heute um den Verlust ihres einst so angesehenen Handwerks. »Die Flößer sind noch da, aber die Isar nimmer«, klagte eine Tafel auf einem der letzten Jahrtage des Holzhacker- und Flößervereins.
Doch die Loisach, die jahrhundertelang ab Garmisch zur Wasserrott genutzt wurde, blieb ebenfalls nicht unreguliert. Bei Schlehdorf fließt sie in den Kochel-

see und verläßt ihn beim Ort Kochel wieder. Das natürliche Bett der Loisach hätte die Wassermassen nicht aufnehmen können, die seit Eröffnung des Walchenseekraftwerkes zusätzlich in den Kochelsee gelangen. Der Loisachkanal mußte also gebaut werden, um Wolfratshausen vor verheerenden Hochwassern zu schützen. Und bevor die Loisach in die Isar entlassen wird, muß sie in der Weidachmühle von Wolfratshausen noch einmal kräftig Strom erzeugen.

Aber es waren nicht nur die Wasserbauten, die die Flößerei zum Erliegen brachten, ein Handwerk immerhin, das jahrhundertelang auf natürlichen Wasserwegen und abgasfrei Floßholz und darauf Personen und Waren bis nach Wien und Budapest verfrachtete und das Leben an Isar und Loisach entscheidend prägte. 1847 fuhr der erste Zug von München nach Tölz, 1892 nach Wolfratshausen. 1898 wurde Kochel und 1924 auch Lenggries an das Schienennetz angeschlossen. Die Bahn brachte nicht nur mehr Gäste, sie übernahm auch allmählich den allgemeinen Personen- und Warentransport. Nur ab Wolfratshausen fahren die Flöße wieder jeden Sommer Richtung München, allerdings nicht mehr zum geregelten Waren- oder Personentransport, sondern zum »spritzigen« Vergnügen zahlungskräftiger Floßgesellschaften.

Die Zeit bleibt nicht stehen, und der Wunsch nach Wasser, Elektrizität und Zeitersparnis kostet seinen Preis. Der Besucher und so mancher Landkreisbürger wissen ohnehin nicht viel von diesen alten Zeiten, die zu Unrecht als romantisch gelten. Sie genießen den Anblick des fjordähnlichen Sylvensteinspeichers mitten in den Bergen, das gemächlich dahinziehende, grüne Band der Loisach und die Isar, wie sie heute ist: geschwächt, aber immer noch schön. Immerhin, zwischen dem Isarstausee bei Bad Tölz bis nördlich von Icking darf sie nach Herzenslust mäandern, denn hier liegt ein Kleinod des Landkreises: das Naturschutzgebiet Isarauen. So manchen Eingriff hat es trotz des Schutzes in den letzten Jahrzehnten hinnehmen müssen, und es ist nicht unberührt. Vom zeitigen Frühjahr bis in den späten Herbst hinein bevölkern Scharen von Bootsfahrern, Nacktbadern und anderen Erholungssuchenden Wasser und flußnahe Auenlandschaft. Doch noch überleben dort empfindliche Pflanzen- und Tiergesellschaften, darunter Orchideen und seltene Vogelarten.

Entlang dieses Naturschutzgebietes liegen die drei Städte im Landkreisgebiet: Wolfratshausen, Geretsried und Bad Tölz, jede anders und mit ihrer eigenen Geschichte.

Dorfen liegt auf dem Wolfratshauser Berg und ist heute eines der vielen gewachsenen Dörfer des Landkreises. 1003 tauchte diese Siedlung unter dem Namen »Wolveradeshusun« auf und ist damit eigentlich Taufpatin für die Loisachstadt. Um 1100 ging der Name auf eine Höhenburg über, die eine Zweiglinie der damals mächtigen Grafen von Dießen-Andechs hoch über dem Zusammenfluß der beiden Wasserwege Isar und Loisach errichten ließ. Im 13. Jahrhundert übernahm ihn der Ort, der sich unter dem Schutz der Burg am linken Loisachufer entwickelt hatte: die Marktstraße, später auch Poststraße nach Italien, links und rechts gedrängte Häuserreihen, viel mehr Platz ließen Berg und Loisach nicht. 1312 erhielt Wolfratshausen das Marktrecht und lebte über 700 Jahre lang vor allem von der Flößerei, ab dem 16. Jahrhundert auch von der Bierbrauerei, die im bis dahin weinseligen Altbayern einen unerwarteten Aufschwung erlebte. In der Stadtpfarrkirche Sankt Andreas findet sich mancher Beweis, daß vor allem im 17. Jahrhundert auch das Kunsthandwerk in Wolfratshausen blühte. Doch immer wieder brannte es in dem Marktflecken an der Loisach, immer wieder wurde er geplündert. Auch die Pest hielt Anfang des 17. Jahrhunderts reiche Ernte. Aber die Wolfratshauser gaben ihren Markt nicht auf. Heute steht von der Wolfratshauser Burg kein Stein mehr auf dem anderen. Der Ort, 1961 zur Stadt erhoben, ist längst über das linke Loisachufer hinausgewachsen. Die alte Loisachstadt ist heute attraktiver und lebendiger als je zuvor.

Jüngste und größte Stadt im Landkreis ist Geretsried. Eine Siedlung »Gerratesried« wird bereits Anfang des 11. Jahrhunderts erwähnt, aber sie bestand lange Zeit nur aus wenigen Einzelhöfen, später einer Wirtschaft und der dem Flößerpatron Sankt Nikolaus geweihten Kapelle an der alten Poststraße und heutigen B 11. Doch 1938 bauten die Machthaber des Dritten Reiches ausgedehnte Fabrikanlagen für Sprengstoffe in die bis dahin stillen Wälder: als Rüstungsaltlasten eine ökologische Hypothek, mit der Geretsried bis heute kämpft. Nach Kriegsende kamen die Flüchtlinge. Das neue Geretsried begann inmitten ausgeplünderter, teilweise zerstörter Industrieanlagen mit einigen Holzbaracken und dem eisernen Willen der Heimatvertriebenen, sich nicht aufzugeben und Neues aufzubauen. Schon 1946 nahmen die ersten provisorischen Betriebe die Produktion auf, 1950 wurde Geretsried Gemeinde, 1970 Stadt. Arbeitsplätze und Wohnungen waren gefragt, die schnell verfügbar und zweckmäßig sein sollten. Weder das nördliche Stadtzentrum um den Karl-Lederer-Platz noch das südliche um den Neuen Platz haben daher die selbstverständlich-gutbürgerliche Ausstrahlung einer Wolfratshauser Innenstadt oder die malerisch-stolze Atmosphäre einer Marktstraße von Bad Tölz. Geretsried ist eine moderne Stadt mit einer bunten Mischung aus verschiedenen Kulturen, und daß es dazu steht, macht es so sympathisch.

Tölz im Isarwinkel: früher Hauptflößer-, Kalkbrenner-, Brauerort und weit berühmt für seine phantasievoll bemalten Truhen und Kästen; heute Kreissitz, Kur-, Bilderbuchstadt, bekannt auch durch die alljährlich am 6. November groß begangene Leonhardifahrt. Heinrich von Döllnitz wählte klug, als er dort, am Kreuzpunkt der alten Salzstraße und des Wasserweges Isar, um 1100 von der Hohenburg bei Lenggries aus seine neue Burg errichtete. Unter ihrem Schutz entwickelte sich eine handwerklich-gewerbliche Siedlung, die 1281 die Marktrechte erhielt. Geschickt wußten sich die Tölzer das Flößermonopol auf der oberen Isar zu sichern. Aus den Kalksteinen, die die Isar und ihre Zuflüsse aus dem Gebirge brachten, wurden in zahlreichen Öfen zwischen Lenggries, Tölz und Bairawies Kalk gebrannt, begehrtes Produkt für Stuckarbeiten und Freskenmalerei, vor allem in der nahen Residenzstadt München. Gute alte Zeit? Das Gemälde Joseph Wengleins »Kalksteinsammlerinnen im Isarbett bei Bad Tölz« von 1883, zu sehen in der Neuen Pinakothek in München, entlarvt diese Arbeit als hart und absolut unromantisch. Zwei Kalköfen blieben erhalten, im Kalkofenweg in Lenggries und beim Jägerwirt in Bad Tölz. Im 18. Jahrhundert gab es bis zu 24 Brauereien in Tölz, die 1787 allein 7200 Eimer Bier Richtung München flößen ließen. Kein Zweifel, der Marktflecken an der Isar blühte. Etwa 50 Jahre später wurden am Sauersberg Jodquellen entdeckt und machten Tölz 1899 zum »Bad«. Der Kurbetrieb floriert noch heute – auf der linken Isarseite. Beschützt von den grazilen Türmen der Stadtpfarrkirche Mariä Himmelfahrt aus dem 15. Jahrhundert und der Filialkirche Maria Hilf (Mühlfeldkirche) aus dem 18. Jahrhundert schlägt das Herz der rührigen Kurstadt aber nach wie vor im schönen, alten Stadtkern am rechten Isarufer.

Mehr als die Städte bestimmten die Berge, die bäuerlich geprägte Kulturlandschaft, Dörfer und Einzelhöfe das Landschaftsbild. Im nördlichen Landkreis werfen Moränen grüne Wellen, nur unterbrochen von glitzernden Seenflächen und ausgedehnten Moorgebieten. Uralte Dörfer stehen stolz auf grünen Wiesenbuckeln oder schmiegen sich vertrauensvoll zwischen Wälder und Weiden in Bodensenken. Darin eingeschnitten das Tal der Isar, scheinbar Grenze und in Wahrheit Lebensader und Bindeglied des Landes rechts und links an ihren Ufern. Im Süden wachsen die Voralpen aus dunkelbewaldeten Sockeln. Wiesengipfel deuten auf seit alters her genutzte Almen, und nur selten baut sich hier graukarstiger Fels auf. Schließlich das Karwendel, früher abweisende Grenze zum Süden, heute mit den Voralpen begehrtes Wander-, Winter- und Kletterparadies für Tausende von Bergsteigern von nah und fern. Wen wundert es, daß den Menschen um Lenggries, Jachenau und Fall ihre Berge schon immer mehr waren als nur Kulisse, daß sich hier ein eigener Kulturraum, der Isarwinkel, entwickelte. Jede der Siedlungen, jeder einzelne alte Hof im Landkreisgebiet hat seine eigene, interessante Geschichte. Es ist unmöglich, sie alle vorzustellen. Manches ergänzt

der Bildteil, vieles bleibt selbst zu entdecken!
Gute Verkehrsverbindungen nach München und die reizvolle Lage ließen die Isarhochterrasse um Icking zur exklusiven Wohnlage werden. Stattliche Wohnhäuser und phantasievolle Villen erwekken dort eher den Eindruck eines gepflegten Vorortes in ländlicher Idylle als den eines gewachsenen Dorfes. Ganz ähnlich ist es in Seeheim und Ammerland am Ostufer des Starnberger Sees. Doch überall im Landkreis sind Tradition und Brauchtum überraschend lebendig, wenn auch lange nicht jeder über eine Tracht oder wenigstens Dirndlkleid und Lederhose verfügt. Die Anzeigetafeln im Dorf geben es kund: Irgendwo ist immer ein Kirchenfest, Jahrtag oder Jubiläum der zahlreichen Vereine wie Schützen, Trachtler, Veteranen, ein Volksfest, eine der Theateraufführungen der vielen Heimatbühnen aus dem Oberland angesagt, um nur einiges zu nennen. Nicht immer gibt es einen Festzug, aber wenn, dann von einer Musikkapelle oder einem Spielmannszug begleitet, die ergreifend blasen oder manchmal auch verzweifelt, gegen volltönende Kirchenglocken. Denn der Segen der Kirche gehört noch immer dazu. Oft sind die malerischen Antlaß- oder Gebirgsschützen dabei, deren Röcke und Hüte Eingeweihten ihren Herkunftsort verraten. Wie früher geben sie dem Pfarrer ihr Geleit, nicht mehr zum Schutz vor Wegelagerern allerdings und auch nicht vor wegelagernden Schaulustigen und Fotografen. Sie gehen auf Fähnlein aus wehrhaften Männern zurück, die im 14. und 15. Jahrhundert vor allem zur Verteidigung der Heimat gegründet wurden. Es mangelte nicht an Gelegenheiten, wie ein Blick in die altbayerische Geschichte zeigt.
Der Landkreis ist nicht nur reich an Traditionen, sondern auch an Baudenkmälern. Sie füllen allein ein gut fünfhundertseitiges Werk des Bayerischen Landesamtes für Denkmalpflege. Darunter finden sich nicht nur Schlösser und Kirchenkunst, sondern unzählige schöne Bauernhöfe, vor allem in den Gemeinden Münsing, Egling, Eurasburg, Dietramszell, Greiling, Gaißach, Wackersberg, Lenggries, Jachenau und Kochel. Oft zeigen sie den Isarwinkler Stil: verbretterte Lauben, die über kunstvoll geschnitzte Säulen an den Vorstößen der Wandbalken aufgehängt wurden; dazwischen sogar Ganzblockbauten, die ins 17. Jahrhundert zurückgehen. Auch sie sind noch bewohnt und keine Museen, wenn auch ihr Erhalt und die Umstellung auf besseren Wohnkomfort im Inneren von den Eigentümern viel verlangen, mehr oft, als die Nachfahren der Erbauer finanziell verkraften können.
Auch auf dem Land bleibt die Zeit nicht stehen. Boutiquen und Galerien gehören heute ebenso zum Bild mancher Dörfer wie gemütliche Biergärten und buntgeschmückte Balkone. Die Verkehrsbelastung durch den Fremdenverkehr, der Skizirkus auf dem Brauneck bei Lenggries, die Surfer am Walchensee, das Schicksal der Isar, die Landwirtschaft zwischen Idylle und Moderne: Diskussionsstoff gibt es hier wie überall. Es ist schwierig, aus den verschiedensten Interessen den verträglichsten Weg zwischen Ökologie und Ökonomie zu finden. Doch inzwischen haben viele eingesehen, was die eigensinnigen Jachenauer schon immer wußten: Es ist nicht nötig, sich der Welt und dem Fortschritt zu verschließen, aber die eigene Identität, die muß gewahrt bleiben. Und sie ist untrennbar mit unserer Kultur und Landschaft verbunden.

Introduction

When with the regional reform of 1972 the old districts of Bad Tölz and a large part of Wolfratshausen were merged to form Bad Tölz-Wolfratshausen, it was not just financial power they both gained. Only since then does the region stretch from the chalk cliffs of the Alpine Karwendel range in the south along the Austrian border far into the undulating foothills with its clear blue lakes in the north. The western banks of the lakes Walchensee and Kochelsee and the eastern banks of Lake Starnberg mark the approximate border in the west. In the north the region adjoins greater Munich around Schäftlarn and in the east the Miesbach district along an imaginary line from Endhausen via Sachsenkam to Reichertsbeuern.

For centuries it was primarily geological events – the rising of the Alps, climatic changes and rivers like the Isar and the Loisach – that shaped the countryside. Then humans came into this wild, marshy land. Axes of stone and flint arrowheads discovered in this region date from the early Stone Age (5500 to 1800 BC). The ruins of a fortified settlement on Große Birg near Altjoch on Lake Kochel bear witness to human presence in the Bronze Age (1500 to 1200 BC). In approximately 450 BC the Celts appeared in the Alpine foothills. The numerous remains of their mysterious quadrilateral entrenchments from the last century before Christ can be found especially in the northern part of the district. The river names Loisach – the sinister waters – and Isar – the sweeping one – are also vestiges of the Celtic heritage. In 15 BC the Romans ruled and remained for over four hundred years. They left very few traces of their long reign. The name Lake Walchen is one of them. “Walchen” are the Romans, or the Romanized population that stayed after the withdrawal of the Roman occupying forces.

In the sixth century the valley floors and the open fields were settled by Bavarian tribes. Their rulers – dukes of the Agilolfinger family – initiated the Christianization of ancient Bavaria by Irish and Scottish monks. In the eighth century the first monasteries were established in the area: Benediktbeuern, Schlehdorf and a convent near Kochel.

Thus the foundation was laid for the early Bavarian culture – characteristically centred above all around the church, which is still the case in this region today.

The settlement of the region was completed by the thirteenth century, with its individual farms and hamlets located approximately where we find them today. For many centuries allegiance was divided between the church and numerous secular sovereigns. Especially the monasteries of Benediktbeuern, Schäftlarn and Tegernsee owned extensive estates. Among the many secular rulers, the more familiar names include the once powerful earls of Dießen-Andechs near Wolfratshausen, the lords of Hechenberg-Reginried and the Herwarths. The monasteries were secularized in 1803, but some were reinstated. Thus Benediktbeuern is once again a centre of worship and communion, Schlehdorf is an educational centre of the Dominican sisters' mission, and Beuerberg a Salesian convent. Monastery life is now much quieter and removed from the politics of the day, however. The nobility also gradually disappeared from public life. Of the many fortresses and castles in the region, the majority are not open to the public. What has remained are dynasties of farmers, which having been shaped by their land have also shaped it.

Let us end the historical discourse to find out more about the region itself. Up to the beginning of the twentieth century we could have taken a raft down the Isar and Loisach and seen much of the area.

The Isar used to be navigable by raft from Mittenwald. But since 1924, when Lake Walchen's water power station was built near Altjoch on Lake Kochel, much of the water is redirected into Lake Walchen from the upper reaches of the river near Krün to drive the powerful turbines. This and other measures have changed the natural river landscape of the Isar.

Likewise the Loisach, used for centuries for retting fibre from Garmisch on upwards, did not remain untouched. Near Schlehdorf it flows into Lake Kochel and out again near the town of Kochel. The natural bed of the Loisach would not have been able to accommodate all the water moving from the Lake Walchen power station into Lake Kochel. Thus the Loisach canal had to be built to protect Wolfratshausen from the ravages of flooding.

But it was not just the power station that ended the raft transport – a craft that for centuries had shaped life on the Isar and Loisach, transporting people and wares to Vienna and Budapest on natural waterways and exhaust-free river wood. In 1847 the first train departed from Munich for Tölz and in 1892 to Wolfratshausen. In 1898 Kochel and Lenggries were connected to the railway network. The railway not only brought more visitors, it also began to take over the transportation of goods and passengers. Now only in the summer can rafts be seen travelling from Wolfratshausen to Munich – not for regular transport of goods and people, but for the enjoyment of affluent "adventurers".

At least from the Isar reservoir near Bad Tölz up to Icking the Isar can meander freely, creating one of the jewels of this region: the Isar riverbed nature reserve. Here delicate plants and animals, including orchids and unusual bird species, can survive in their natural habitat.

Located along this nature reserve are the three towns of the district – Wolfratshausen, Geretsried and Bad Tölz – each quite different and with its own history.

Around 1100 the name "Wolveradeshusun" referred to a fortress that a branch of the then powerful earls of Dießen-Andechs had built high above the confluence of the two river routes, the Isar and the Loisach. In the thirteenth century the hamlet under the protection of the fortress on the left bank of the Loisach took on the name. It consisted only of Market Street, later to become the postal route to Italy, with left and right a row of houses pressed tightly together; this was the only available space between the fortress and the river. In 1312 Wolfratshausen was granted the right to hold a market, and for over 700 years its inhabitants lived primarily from rafting and then from the sixteenth century on from beer brewing, which was experiencing an unexpected boom in the then predominantly wine-merry Bavaria. Vestiges can be found in the parish church of St. Andrew that attest to the flourishing of handicrafts in Wolfratshausen, especially in the seventeenth century. But in this little market town there were also periodic fires and plundering, and in the early seventeenth century the plague took its toll. Yet the people of Wolfratshausen did not give up their market. Today the fortress is in ruins, but the hamlet continued to flourish and became a city in 1961, spreading well beyond the left bank of the Loisach. The old town is more attractive and livelier than ever.

The youngest and largest town in the district is Geretsried. The settlement "Gerratesried" was mentioned already in the early eleventh century, but for years was only populated by a few farmsteads. Then in 1938 the Nazis built factories for explosives in the quiet forests of this community. After the war the refugees arrived. The new Geretsried began in the midst of ransacked and partially destroyed factory facilities with a few wood barracks and the iron will of those driven from their homes. As early as 1946 the first provisional firms started producing, and in 1950 Geretsried became a municipality, in 1970 a city. Work was in demand as well as housing that was quickly available and practical. Neither the northern city centre around Karl Lederer Square nor the southern centre around New Square (Neuer Platz) have the self-assured, middle-class ambience of Wolfratshausen or the proud atmosphere of picturesque Market Street in Bad Tölz. Geretsried is a modern city with a colourful mixture of different cultures, and what makes it so likeable is that the people prefer it that way.

Tölz was once a centre for rafting, lime processing and beer brewing, and well-known for its brightly painted wooden trunks and boxes. Today it is the seat of the district administration, spa and picturesque town, famous for its yearly celebration of St. Leonhard's Ride, a pilgrimage to St. Leonhard's Chapel, on 6 November. Heinrich von Döllnitz made a wise choice when in approximately 1100 he decided in his fortress near Lenggries to have a new castle built here at the juncture of the old salt road and the Isar waterway. Under its protection a settlement of craftsmen and merchants developed, who were given the rights to hold a market in 1281. The shrewd citizens of Tölz were also able to secure the raft monopoly for the upper Isar region. In numerous ovens between Lenggries, Tölz and Bairawies, lime was processed from the chalky stone that the Isar and its tributaries transported from the mountains – a much sought-after product for stucco and frescoes, especially in nearby Munich, the seat of the Wittelsbach rulers. In the eighteenth century there were up to twenty-four breweries in Tölz, which in 1787 alone sold 7,200 barrels of beer up the river to Munich. Let there be no doubt, the market town on the Isar was flourishing. Some fifty years later iodine springs were found on Sauersberg and Tölz became a spa ("Bad") in 1899. The spa still flourishes today on the left bank of the Isar, but the heart of this spa town remains on the right side of the Isar in the beautiful, old city centre.

The mountains, the simple farming culture, the villages and the individual farms have shaped the countryside more than the cities. In the northern part of the district the moraines appear like waves of green, interrupted only by sparkling lakes and extended boglands. Ancient villages stand proudly on hilly green pastures or nestle in a hollow between forests and grazing land. In this countryside the Isar carved its valley, ostensibly a border but in truth a vital line of communication and a connecting link between the land on either side of its banks. In the south the Alpine foothills rise from darkly forested bases. Meadows near the peaks have traditionally been used as mountain pastures, and here grey, karst rocks are seldom. And finally the Karwendel range, which used to be a formidable border to the south, is today, together with the Alpine foothills, a hiking, climbing and wintersport pradise for thousands of mountaineers from near and far.

Good transport links to Munich and the attractive countryside have turned the Isar bluffs around Icking into an exclusive residential area. Prestigious houses and imaginatively-designed villas give the impression of a well-groomed suburb in idyllic surroundings rather than an over-grown village. Seeheim and Ammerland on the east bank of Lake Starnberg give the same impression. But tradition and customs are alive even if not all the inhabitants own traditional Bavarian costumes, not even a *Dirndl* or *Lederhose* (leather trousers). A bulletin board in the village announces all the activities: something is always going on somewhere – a church festivity, an anniversary or a yearly celebration of one of the many clubs and societies, such as the rifle club, the costume club, the veterans society, a folk festival, a stage performance of the many folk theatres in the area, to name just a few.

The district is not only rich in tradition but also in historical monuments – not only castles and churches but also countless beautiful farmsteads, especially in the communities of Münsing, Egling, Eurasburg, Dietramszell, Greiling, Gaißach, Wackersberg, Lenggries, Jachenau and Kochel. Often they exhibit a particular Isar style: wooden porches with artistically carved columns attached to the protruding wall posts. Intermingled amongst these are even timbered farmhouses that go back to the seventeenth century.

Time does not stand still, even in the country. Boutiques and galleries are as much a part of today's villages as are beer gardens and colourfully decorated balconies. Heavy traffic caused by tourism, skiing on Brauneck mountain near Lenggries, wind surfers on Lake Walchen, problems connected with the Isar and modern agriculture – controversial topics abound just as they do everywhere else. Amongst the various interest groups it is not easy to find the most acceptable path between ecology and economy. But many have now realized what the stubborn citizens of Jachenau have always known: It is not necessary to close oneself off to the world and to progress as long as one's identity is maintained. And this identity is inextricably connected with our culture and countryside.

Stolz behauptet sich die katholische Pfarrkirche Mariä Himmelfahrt von Münsing vor dem wuchtigen Wettersteinblock mit der Zugspitze. Von hier ist es nicht mehr weit zum Ostufer des Starnberger Sees.

The parish church of the Assumption (Mariä Himmelfahrt) in Münsing before the Wetterstein massif with Germany's highest peak, the Zugspitze. From here it is not far to the eastern banks of Lake Starnberg.

Manche Dorfansichten, wie die Idylle am Weiher von Irschenhausen, erwecken den Anschein, als sei die Zeit hier stillgestanden. Der Eindruck täuscht. Dörfer sind keine statischen Gemeinschaften, sondern leben aus der Verbindung von Althergebrachtem mit neuen Impulsen, im Zeitalter der Mobilität mehr denn je. Kultur erschöpft sich nicht nur in Blaskapellen. Galerien, wie das Hollerhaus in Irschenhausen, Theater, Discos, Konzerte gehören heute ebenso selbstverständlich dazu.

Photos of many a hamlet, such as this idyllic view of Irschenhausen's pond, create the impression of a region where time has stood still. This impression is wrong. Villages are not static communities; rather they thrive on a combination of traditional and modern impulses.

Hoch über dem Altwassersee der Isar scheint Icking bis auf die Pfarrkirche Heiligkreuz hinter Bäumen verborgen. Doch die Perspektive täuscht. Von der Isarhochterrasse bei Icking eröffnet sich ein herrlicher Ausblick über das Tal der Isar auf das gegenüberliegende Hochufer, und bei klarer Luft scheinen die blauen Bergketten im Süden zum Greifen nah. Der Altwassersee ist Teil des Naturschutzgebietes Isarauen und ein Paradies für Wasservögel und -insekten.

High above the lake formed by a dead arm of the Isar lies Icking, hidden behind the trees with just the parish church of the Holy Cross (Heiligkreuz) visible. This photo is misleading, however. From the Isar bluffs near Icking a stupendous view opens up over the Isar valley, and when the weather is clear the blue range of mountains in the south seems close enough to touch. The lake is part of the Isar nature reserve – a paradise for waterfowl and water insects.

Im Landkreis ist viel alte Bausubstanz erhalten und manches schmucke Haus steht unter Denkmalschutz. Aber auch andere Bauten sind oft in die Landschaft und ihr Dorf hineingewachsen, vermitteln Geborgenheit und Lebensfreude.
Oben links: Bauernhof in Dorfen.
Oben rechts: Bauernhaus mit Blockbau-Obergeschoß in Deining.
Unten: Die Angermühle in Egling ist eine der wenigen noch voll funktionsfähigen Mühlen im Landkreisgebiet.

In the district many old buildings have been preserved.
Above left: Farmhouse in Dorfen.
Above right: Farmhouse with a full-timbered upper storey in Deining.
Below: The Anger mill in Egling is one of the few functioning mills in the district.

Thanning ist ein lebendiger Ort mit dörflicher Tradition. Doch die Gräfin-Justitia-Straße erinnert an eine andere, fürstliche Vergangenheit. Otto II., vermutlich ein Dießener Graf, erwählte den Ort im 11. Jahrhundert zum Hauptsitz seiner Grafschaft. Die Erinnerung an seine Gemahlin, Gräfin Justitia aus dem Geschlecht der Babenberger, blieb bis heute durch den Straßennamen und eine Gedenktafel in der Pfarrkirche Sankt Peter und Paul lebendig, denn sie war eine große Wohltäterin.

Thanning is a lively village with a rural tradition. The name of one street – Countess Justitia Street – alludes, however, to a more prestigious past. Otto II, probably a Count of Dießen, selected this town in the eleventh century to be the seat of his shire. The memory of his wife, Countess Justitia from the house of the Babenbergers and an important benefactress, is kept alive today by the street name and by a commemorative plaque in the parish church of Sts. Peter and Paul.

Die Kelten nannten sie »Liubis-aha«, das unheimliche Gewässer. Wer Fotos von früheren Loisach-Hochwassern betrachtet oder Berichte darüber liest, versteht diesen Namen. Unheimlich ist die Loisach nicht mehr, denn Anfang des 20. Jahrhunderts wurde sie gebändigt. Aber geheimnisvoll blieb sie bis heute, vor allem, wenn sie sich frühmorgens wieder einmal fest in Nebel hüllt und sich nur zögernd dem Licht der Sonne zeigt.

The celts called the Loisach "Liubis-aha", the sinister waters. Tamed in the twentieth century, the river is no longer sinister. But it remains mysterious until today, especially, when in the early morning it is once again cloaked in mist and only hesitatingly reveals itself to the warming sun.

Isar bedeutet eigentlich »die Reißende«, doch ist auch sie gezähmt, die vielgerühmte Wilde. Nur ganz selten erinnert sie sich trotzig ihres alten Namens, reißt Böschungen und Uferwege mit und ändert ihren Lauf. Trotzdem zieht sie noch immer viele Menschen an. Für diejenigen, die entlang der Ufer leben, ist sie oft mehr als nur ein schöner Fluß: Sie ist Teil ihrer Wurzeln – ihrer Kultur und Geschichte.

Isar means "the sweeping one", but it, too, has been tamed. Only seldom does it pay service to its name, tearing away at the embankment and changing its path. Nevertheless, many people are attracted to the river. For those who live along its banks, it is often more than just a beautiful river: it is part of their roots, their culture and history.

Maibaumaufstellen in Neufahrn.

Putting up the Maypole in Neufahrn.

Sommerlicher Leonhardiritt in Harmating.

St. Leonard's Ride in the summer in Harmating.

Feldmesse in Humbach.

Outdoor mass in Humbach.

Schuhplattler am Loisachgaufest in Neufahrn.

Dancing the "Schuhplattler" at a regional festival in Neufahrn.

Wie überall im Landkreis hat auch in Neufahrn die Brauchtumspflege einen hohen Stellenwert. Fast alle Dorfbewohner sind Mitglied des rührigen Gebirgstrachten-Erhaltungsvereins »Veiglbergler«. Südwestlich des Dorfes – wie auch bei Ergertshausen, Riedhof, Deining, Egling, Moosham und Endlhausen – erinnern keltische Viereckschanzen an eine der faszinierendsten Kulturen, die im Landkreis Spuren hinterließen.

Everywhere in the district the preservation and fostering of customs is of great importance – likewise in Neufahrn. Almost every village inhabitant is a member of the club called "Veiglbergler", whose goal is to preserve traditional costumes of the Alpine region. To the southwest Celtic entrenchments recall one of the most fascinating cultures of the region.

Die katholische Pfarrkirche Heilige Familie in Geretsried-Gartenberg ist Symbol für ihre Stadt: modern, aber mit eigener, liebenswerter Atmosphäre.

The parish church of the Holy Family (Heilige Familie) in Geretsried-Gartenberg.

Ein beliebter Spazierweg führt von Geretsried-Gartenberg über die »Böhmwiese« und den »Fuchsacker« hinauf zum Gut Schwaigwall.

A popular path leads from Geretsried-Gartenberg to the Schwaigwall estate.

Geretsried wirbt für sich mit dem Attribut »Stadt im Grünen« – zu Recht, wie diese Übersicht von Peretshofen aus zeigt. Rundum Wiesen, Wälder, auch im Stadtgebiet, und im Osten das ausgedehnte Naturschutzgebiet Isarauen sorgen für Wohn- und Lebensqualität. Im Hintergrund leuchten die gelben Mauern von Schloß Eurasburg. Schon im 12. Jahrhundert stand dort über der Loisach eine Burg. Der 1626 bis 1630 errichtete Spätrenaissancebau brannte 1976 bis auf die Außenmauern ab. Heute ist er wiederaufgebaut und in Wohnungen aufgeteilt.

Geretsried claims to be a "city in the woods" – rightly so as this view from Peretshofen shows. Round about and in the town meadows and forests, and in the east, the extended nature preserve along the Isar make this city so eminently livable.

Gelting ist eine der ältesten Siedlungen im Landkreisgebiet. Nach dem Zweiten Weltkrieg stand die kleine Gemeinde vor der schwierigen Aufgabe, den Flüchtlingen im nahen Lager Geretsried beim Aufbau einer neuen Heimat zu helfen. Die Gebietsreform von 1972 stellte die Geltinger vor die Wahl, sich Wolfratshausen oder Geretsried anzuschließen. Seither ist das Loisachdorf Gemeindeteil von Geretsried.

Gelting is one of the oldest settlements in the district. The reform of 1972 gave the inhabitants of Gelting the choice of belonging to Wolfratshausen or to Geretsried. Since then the village on the Loisach has been a part of Geretsried.

Bilder eines Flusses: im Naturschutzgebiet Isarauen.

Images of a river: nature reserve along the Isar.

Die Isar im Malerwinkel südlich der Tattenkofener Brücke. Über Jahrtausende entwickelte sich in den Isarauen eine den extremen Bedingungen einer Wildflußlandschaft angepaßte, abwechslungsreiche Fauna und Flora, darunter viele alpine Pflanzen, deren Samen die Isar aus den Bergen brachte. Die Auen stehen von Bad Tölz bis Schäftlarn unter Naturschutz. Die Ascholdinger und die Pupplinger Au gelten inzwischen als einzige noch großräumig erhaltene Wildflußlandschaft in Europa. Trotzdem müssen auch sie jedes Jahr Tausende von Erholungssuchenden verkraften.

The Isar south of the Tattenkofen bridge. The varied flora and fauna adapted to the extreme conditions of an untamed river have existed for thousands of years along the banks of the Isar. The river valley near Ascholding and Puppling is considered to be the only extensive, untouched river terrain preserved in Europe.

Wenn der Winter schattig in den Bergtälern Einzug hält, laden die weiten Hügel im nördlichen Landkreis mit ihren glitzernden Schneedecken und Waldinseln erst recht zum ausgedehnten Spaziergang, zum Schlittenfahren oder auch zum Langlauf ein. Hier und da liegen Dörfer eingestreut, verzauberte Oasen der Wärme und Geborgenheit. Im Bild: Steingau in der Gemeinde Dietramszell.

In the winter the hills in the northern district with their stretches of woods and glittering blankets of snow are enticing for long walks, sleigh rides or cross-county skiing. Photo: Steingau in the county of Dietramszell.

Winterlandschaft bei Ascholding.

Winter landscape near Ascholding.

Bauern und Rösser, das ist eine enge Beziehung, die sich über Jahrhunderte hinweg entwickelt hat, denn Pferde waren aus der Land- und Holzwirtschaft lange Zeit nicht wegzudenken. Heute ist ihr Einsatz meist auf Festlichkeiten beschränkt, zum Beispiel bei den weit verbreiteten Leonhardiwallfahrten oder bei Georgiritten, wie hier in Ascholding.

Farmers and horses – a partnership that has existed for centuries since horses were first used in agriculture and in the timber industry.
Today their use is primarily for festivities, such as the widespread pilgrimages connected with St. Leonard or St. George, as pictured here in Ascholding.

Einsam liegt die Kapelle Sankt Georg auf dem Georgibichl. einem ehemaligen germanischen Heiligtum. Sie ist Ziel des jährlichen Ascholdinger Georgirittes. Dreimal umrunden die Pferde den Bichl, anschließend werden Roß und Reiter gesegnet. Im Volksmund heißt das Kirchlein auch »Schimmelkapelle«, denn einer Sage nach soll vor langer Zeit ein verirrter Schimmel im Kirchenraum verendet sein. Im nahen Ascholding haben sich besonders viele malerische Bauernhöfe aus dem 17. und 18. Jahrhundert erhalten.

St. George's Chapel, the destination of Ascholding's yearly St. George's Ride, lies secluded on the hill Georgibichl, a former Germanic shrine. After circling the Bichl three times, both horse and rider are blessed.

Wer die Vorhalle der kleinen Filialkirche Zur Schmerzhaften Muttergottes in Linden betritt, erlebt eine Überraschung: Ein spätgotischer Freskenzyklus aus der Zeit um 1400 ziert die Wände, der zart und einprägsam aus dem Leben Mariens erzählt, von der Verkündigung (im Bild) bis zu ihrem Tod. Auch in den Filialkirchen von Oberherrnhausen, Peretshofen, Neufahrn und Lochen wurden alte Freskenzyklen oder Fragmente davon aufgedeckt. Doch die Bilder in Linden zählen zum Schönsten, was uns an spätgotischen Wandmalereien überliefert ist.

A surprise awaits those entering the little church Our Lady of Sorrows (Zur Schmerzhaften Muttergottes) in Linden. A Late Gothic cycle of frescoes dating from 1400 decorates the walls, with delicate, yet clearly delineated scenes from the Virgin Mary's life – from the Annunciation (shown here) to her death.

Dietramszell verdankt seine Existenz dem Kloster am Rande des Ortes. Bereits um 1102 soll dort ein Urkloster gegründet worden sein. Doch dem Augustinerchorherrenstift Dietramszell waren nur hundert Jahre Blütezeit bestimmt, vom Beginn des 18. Jahrhunderts bis zur Säkularisation im Jahr 1803. In diese Zeit fiel auch der Bau der früheren Kloster- und heutigen Pfarrkirche Mariä Himmelfahrt mit hervorragenden Fresken und Stukkaturen des Wessobrunners Johann Baptist Zimmermann (1680–1758).

Dietramszell owes its existence to the monastery at the edge of town. Already in 1102 there was evidence of a monastery here. The former monastery church – today the parish church of the Assumption (Mariä Himmelfahrt; 1729–1741) – is decorated with valuable frescoes and stucco by Johann Baptist Zimmermann (1680–1758) of Wessobrunn.

Das Franziskanerinnenkloster Reutberg ist eines der jüngsten Klöster im Landkreisgebiet. 1606 gründeten der Graf und die Gräfin Papafava von Reichersbeuern eine Loretokapelle; das Kloster wurde zwölf Jahre später gestiftet. Die Lage auf dem Hügel ist wie geschaffen zum Atemholen und zur gemütlichen Einkehr: auf der einen Seite die welligen Wiesen und Bauminseln um das freundliche Dorf Sachsenkam, auf der anderen das Naturschutzgebiet rund um den Kirchsee mit seinem dunklen Wasserspiegel in schwermütiger Moorlandschaft.

The Franciscan convent in Reutberg is one of the youngest convents in the district. In 1606 Count and Countess Papafava of Reichersbeuern founded a Loreto chapel; the convent was established twelve years later. Located on the top of a hill it is an ideal spot to catch one's breath and have a relaxing drink at the inn.

Wer an nebligen Herbsttagen, im Winter oder zeitigen Frühjahr an den Ufern des Kirchsees wandert, spürt die Ruhe, die seine einmalig schöne Landschaft atmet. Doch im Sommer beleben sich die Uferzonen. Jeder leidlich trockene Fleck am sumpfigen Nord- und Südbadestrand ist belegt, denn die herrliche Lage und die milden Wassertemperaturen sind schon längst kein Geheimtip mehr.

Nature lovers taking a walk along Kirchsee on a misty autumnal day in the winter or early spring will enjoy the calm atmosphere of this unique and beautiful landscape. In the summer the banks are full of activity – the beauty and mild water temperatures of this lake are no longer a secret.

Der Ort Ellbach und das kräftige Weiß-Grün der Birken setzen freundliche Akzente in die melancholische Moorlandschaft.
Das Ellbachmoor ist Ausläufer des Naturschutzgebietes um den Kirchsee. Es reicht bis nördlich von Bad Tölz und zeigt die einstmals gewaltige Ausdehnung des nacheiszeitlichen Kirchsees an.

The hamlet Ellbach and the fresh white and green of the beech trees help to dispel the melancholy atmosphere of the boglands. The marshes of Ellbach extend from the nature reserve around Kirchsee all the way to the north of Bad Tölz, indicating the once extensive span of the lake after the Ice Ages.

Gaißach liegt am Eingang zum Isarwinkel, abseits vom starken Verkehr und dem Trubel der nahen Kreisstadt Bad Tölz. Wer Ruhe und Entspannung sucht, weite Spaziergänge und leichte Wanderungen liebt, ist hier gut aufgehoben.

Gaißach lies at the embouchure of the Isar valley, far removed from the hustle and bustle of nearby Bad Tölz. Those who seek peace and quiet, those who love long and easy walks have found the right spot.

Blick vom Weiler Rothenrain zu den Voralpen; wenn es trocken ist, ziehen vom Frühsommer bis zum Herbst immer irgendwo Traktoren ihre Spuren über Wiesen und Weiden. Ihr Tuckern gehört zur Landschaft wie Vogelstimmen, Insektensummen, Kuhschellen und Kirchenglocken.

A view from the pond in Rothenrain to the foothills of the Alps. From early spring to autumn, tractors leave their tracks on meadows and fields. The chugging of these machines has become an integral part of the countryside just as have the sound of birds singing, insects buzzing, cow bells chinking, and church bells ringing.

Frühsommer in den Hügeln um Fischbach.

Early summer in the hills around Fischbach.

Die Menschen und ihre Wälder, das war im Landkreisgebiet schon vor vierhundert Jahren ein Thema. Vom 16. bis zum 19. Jahrhundert wurden vor allem im Isarwinkel so viele Bäume geschlagen und nach München verflößt, daß die Bauern damals ernsthaft um die Existenz der Wälder bangten. Gott sei Dank gibt es sie noch! Sie sind vom Voralpenland bis zur Baumgrenze im Hochgebirge dominierendes Landschaftselement und laden überall ein zum Wandern und zum Rasten.

From the early sixteenth to nineteenth century so many trees were felled along the Isar and transported to Munich on rafts that the farmers were deeply concerned about the remaining forests. Thank heavens they still exist! From the foothills to the tree-line in the Alps they dominate the Bavarian countryside.

Landschaft südlich von Greiling; ein ausgedehntes Grabhügelfeld in diesen Wiesen und weitere Funde in der Umgebung weisen darauf hin, daß das Gebiet um Reichersbeuern, Greiling und Gaißach bereits in der Vorgeschichte besiedelt war.

South of Greiling – an extensive area of graves in these meadows and other excavations indicate that there were prehistoric settlements in the countryside around Reichersbeuern, Greiling and Gaißach.

Oben links: Das Kurhaus wurde 1912/13 nach Plänen Gabriel von Seidls errichtet, der Bad Tölz besonders verbunden war.

Oben rechts: Der Tölzer Kalvarienberg ist neben der Anlage in Lenggries einer der bedeutendsten in Bayern, die Kalvarienkirche Heiligkreuz ein herrlicher Aussichtspunkt über die Kreisstadt.

Unten: Die Lüftlmalerei dieses Gebäudes am Kapellengasteig zeigt den Zug der Tölzer in die Sendlinger Bauernschlacht.

Above left: The spa in Bad Tölz was built in 1912/13 according to plans by Gabriel von Seidl, an architect who was particularly attached to the town.

Above right: Tölz's Mount Calvary is one of the most impressive in Bavaria. Its church, Holy Cross (Heiligkreuz), offers a stupendous view of the district's capital.

Below: The mural on this building on Kapellengasteig shows the procession of the soldiers from Tölz in the peasants' uprising at Sendling.

Das Stadtbild von Bad Tölz zählt zu den schönsten Oberbayerns. Die Marktstraße im alten Stadtteil ist unbestrittener Mittelpunkt. Nach Entwürfen Gabriel von Seidls wurde ihr Gesamtbild Anfang des 20. Jahrhunderts behutsam restauriert und der Schmuck der stattlichen Bürgerhäuser harmonisch aufeinander abgestimmt. Seit Jahren verkehrsberuhigt, ist sie inzwischen eher zum Marktplatz geworden. Das Standbild in ihrer Mitte ehrt Kaspar Winzerer, einen Mann von hohem Ansehen, der von 1515 bis 1542 als Pfleger die Geschicke des damaligen Marktes Tölz bestimmte.

The town of Bad Tölz is one of the most picturesque in Upper Bavaria. Market street in the old town is the undisputed centre of all activity. The careful restoration, which harmonized the decoration of the prestigious citizen houses, was carried out at the beginning of the twentieth century by Gabriel von Seidl.

Die Tölzer Leonhardifahrt ist neben der von Benediktbeuern die prächtigste im Oberland. Am 6. November treffen sich hier herausgeputzte Rösser und Gespanne aus der ganzen Umgebung, darunter verzierte Truhenwagen mit Frauen und Mädchen in der jeweiligen Tracht. Sie ziehen in langer Reihe zur Kapelle Sankt Leonhard auf dem Kalvarienberg, wo Rösser und Menschen beim Umritt gesegnet werden.

St. Leonard's Ride in Tölz is along with that of Benediktbeuern the most splendid in Upper Bavaria. On 6 November the adorned horses and wagons from the entire vicinity gather and march in a long procession to St. Leonard's Chapel, where the horses and riders are blessed.

Wackersberger Bauernhaus mit verschwenderischem Blumenschmuck.

A farmstead in Wackersberg with lavish floral decoration.

Wegkreuz auf der Waldherralm, einem beliebten Ausflugsziel bei Wackersberg. Die Einkehr hier bedeutet keine Anstrengung, denn die Waldherralm ist auch bequem mit dem Auto erreichbar.

A wayside cross near Waldherr cabin, the destination of a popular excursion near Wackersberg. Accessible by car, the cabin can be reached without much physical exertion.

Das Längental zieht Wanderer und Bergsteiger gleichermaßen an: die einen lockt die Brotzeit in der Kirchsteinhütte oder in der Längentalalm, die anderen der Aufstieg zur Benediktenwand. Ganz hinten an der Probstenwand entspringt der Arzbach, der für den gleichnamigen Ort Pate stand. Der Name bedeutet eigentlich »Erzbach« und erinnert an den Abbau von Silber, Schwefelkies und Vitriol, der hier von 1616 bis 1700 bertrieben worden sein soll.

The Längental valley is an attraction for both hikers and mountain climbers – the former are drawn by a snack at the Kirchenstein or Längental cabin, the latter by the climb up the Benediktenwand.

Der Wackersberg ist eine geologische Besonderheit, denn er stammt nicht aus der letzten, der Würmeiszeit, sondern ist schon älter. Auch die Wohnlage dort ist etwas Besonderes: zu Füßen der ruhigen Südostseite des Blombergs und eingebettet in noch kaum zersiedelte Wiesenmatten, mit Blick hinüber ans andere Isarufer, zum Beispiel auf den Rechelkopf.

The mountain Wackersberg is of geological interest because it was formed much before the final Würm Ice Age. The settlement here is also very special – nestled at the foot of the quiet southeastern side of Blomberg in the hardly inhabited spreads of meadow, it has a spectacular view to the bluffs on the other side of the Isar, here for example, to Rechelkopf.

Zwei Charakterberge beschützen Lenggries im Isarwinkel: das Brauneck und ihm gegenüber ein einsamer, wilder Waldberg mit felsigem Gipfel. Um diesen Berg und seine düsteren Schluchten ranken sich besonders viele Sagen und Geschichten. Ob er nun Geier- oder Geigerstein heißt, ist auch bei den Lenggriesern umstritten. Aber beliebt ist er bei allen und auf jeden Fall die Mühen eines Aufstiegs wert.

Two mountains protect Lenggries: Brauneck and across from it a solitary, untouched wooded mountain with a rocky peak. Many a legend and saga have been woven around this mountain and its dark ravines. Whether its name is really Geierstein or Geigerstein is still an unresolved question for the inhabitants of Lenggries.

Blühende Wiesen am Ortsrand von Wegscheid.

Meadows in bloom on the outskirts of Wegscheid.

Der Brauneckgipfel (1555 Meter) gewährt nicht nur einen herrlichen Blick auf Lenggries, sondern Aussicht bis über Bad Tölz in das Alpenvorland hinaus. Aus der Vogelperspektive zeigt sich deutlich, daß der Isarwinkel zwischen Gaißach und Hohenwiesen ursprünglich als Waldhufenflur besiedelt wurde. Von stattlichen Höfen an der Isarhochterrasse zogen sich unterschiedlich breite, durch einreihige Baumhecken abgetrennte Wiesenstreifen bis zum Fuß der Berge. Dadurch entstanden lange, einzeilige Reihendörfer. Sie prägen heute noch das Landschaftsbild.

From the peak of Brauneck (1,555 metres) the original pattern of linear settlement between Gaißach and Hohenwiesen is evident. Behind the large farmsteads on the Isar bluffs there extended strips of land of various widths, separated by a row of trees, to the feet of the mountains. Even today villages consisting of one, long row of farms dominate the countryside.

Am 15. August, dem Fest Mariä Himmelfahrt, werden Heil- und Wiesenkräuter zu Büscheln gebunden und geweiht. Der Tag heißt deshalb auch Büschelfrauentag. Viele Frauen aus der Lenggrieser Umgebung tragen die Kräuter im Rahmen einer Wallfahrt zur Röhrlmooskapelle und lassen sie beim festlichen Gottesdienst unter freiem Himmel weihen.

On 15 August, the Feast of the Assumption, medicinal herbs are gathered and bound to be consecrated. The day is also called Women's Bundle Day (Büschelfrauentag). Women from the region around Lenggries carry the herbs in a pilgrimage to the Röhrlmoos Chapel where they are consecrated in the open air.

Das Brauneck wird das ganze Jahr über arg strapaziert: Gleitschirmflieger, Kletterer, Mountainbiker, Bergsteiger, Skifahrer und Gondelfahrer tummeln sich auf seinen Hängen. Das hinterläßt Spuren. Doch der Weg zur Benediktenwand über den zackigen, geologisch äußerst interessanten Höhenrücken zählt immer noch zu den schönsten Touren im Bereich des Isarwinkels. Aber auch hier sind Vorsicht und eine gute Ausrüstung gefordert.

The mountain Brauneck is swarming with people the year over: paragliders, mountain climbers, mountain bikers, hikers, skiers, and cable car passengers. The path to the Benediktenwand via the jagged, geologically interesting mountain ridge is one of the most beautiful tours in the Isar valley region.

An der Isar bei Lenggries.

Along the Isar near Lenggries.

Nach schweißtreibendem Aufstieg genießen diese beiden Tourenskifahrer die Abfahrt vom Schönberg (1620 Meter). Auch andere Berge wie das Seekar (1601 Meter), die Hochalm (1427 Meter) und der Schafreiter (2100 Meter) an der Grenze zu Tirol eignen sich hervorragend für Skitouren. Seilbahnen und Lifte gibt es dort allerdings nicht, dafür mit etwas Glück herrliche Ausblicke und unberührte Hänge fernab vom Skizirkus auf dem Brauneck.

After a strenuous climb these two mountaineers enjoy skiing down the slope of Schönberg (1,620 metres). Other mountains near Tirol, such as Seekar (1,601 metres), Hochalm (1,427 metres) and Schafreiter (2,100 metres) are particularly suited for ski tours. Cable cars and chair lifts are not to be found here; instead with a little bit of luck there are stupendous views and untouched slopes far removed from the ski circus on Brauneck.

Von der Hochalm, einem ruhigen Berg südöstlich von Hohenwiesen, reicht der Blick bis hinüber ins Wettersteinmassiv.

From Hochalm, a quiet mountain southeast of Hohenwiesen, the view extends as far as the Wetterstein range.

Berge sind launisch und zeigen sich nicht immer von ihrer Sonnenseite. Selbst bei anfänglich gutem Wetter kann es im Lauf einer Tour zu heftigen Gewittern oder Schneefällen kommen. Eine gute Ausrüstung ist daher lebenswichtig, denn nicht immer ist eine Hütte in der Nähe, wie hier am Roß- und Buchstein.

Mountains are moody and do not always show their sunny side. Even when the weather is good at the outset of a tour, a violent thunderstorm or a snow fall can develop suddenly. As there is not always a cabin nearby, for example here on Roß- and Buchstein, suitable clothing is essential.

Viele kennen den Roman »Der Jäger von Fall« von Ludwig Ganghofer, aber das alte Dorf Fall existiert nicht mehr. Wo es lag, streckt heute der Sylvensteinspeicher wie ein Fjord seine drei Wasserarme in die engen Täler. Der grüne See und die 400 Meter lange Faller Klammbrücke sind ein beliebtes Fotomotiv.

The Hunter from Fall by the Bavarian Ludwig Ganghofer (1855–1920) is still a well-known novel to Germans, but the old village Fall has disappeared. It is now covered with water from the Sylvenstein reservoir, which extends like a fjord into the narrow valleys. The green lake and the 400-metre-long bridge over the ravine are a favourite motif for photographers.

Kajakfahrer auf der Isar bei Rauchenberg.

Kayakers on the Isar near Rauchenberg.

Die Jachenau verbindet den Walchensee mit der Isar. Viele erlebnisreiche Wanderungen und Bergtouren sind von dort aus möglich: zum Beispiel vom Ende des Tales die Große Laine entlang zum Glasbach, einem ungezähmten Wildbach mit Wasserfall und kühlen grünen Gumpen.

The region around the Jachen River connects Lake Walchen with the Isar. Many a exciting hike and mountain tour are possible from here, for example, from the end of the valley along the Große Laine to Glasbach, an untamed, natural stream with a waterfall and cool, green waterholes.

Die Winter sind lang im engen Tal der Jachenau, sehr zur Freude der Langläufer, die hier so gerne ihre ausgedehnten Runden drehen. Doch wenn der Frühling kommt, überziehen bunte Blumenteppiche die mageren Talwiesen und Almen. Auch um die Rappinalm ist es dann besonders schön.

The winters are long in the narrow Jachen valley, much to the pleasure of cross-country skiers, who can enjoy extensive tours here. When spring comes, however, the meadows and pastures are covered with a colourful carpet of flowers.

Im Tal der Jachenau finden sich viele stattliche Einzelhöfe wie hier in Jachenau-Berg. Sie behaupten sich oft seit Jahrhunderten, selbstsicher und beständig, gegen strenge Winter und die Zeit.

In the Jachen valley there are many large farmsteads such as here in Jachenau-Berg. Resistant to the cold winters and the ravages of time, they have managed to survive for hundreds of years.

Wiesen um Jachenau-Ort.

Meadows around the hamlet Jachenau.

Blau hebt sich der Vorderskopf (1858 Meter) aus den Morgennebeln im Rißbachtal. Früher war der Rißbach ein reißender Gebirgsfluß und wasserreichster Zufluß der Isar. Seit 1949 ist er dazu bestimmt, den Wasserstand des Walchensees aufzubessern, der die mächtigen Turbinen des Kochelseekraftwerks antreiben muß. Seither ist sein Kiesbett in Vorderriß fast wasserleer.

The mountain Vorderskopf (1,858 metres) rises up out of the morning mist in the Rißbach valley. The Rißbach used to be a turbulent mountain river and the largest feeder stream of the Isar. Since 1949 it is used to keep up the level of water of Lake Walchen, which drives the huge turbines of the Lake Kochel power station. Now its gravelled bed around Vorderriß is almost dry.

Spätherbst auf dem Hirschhörnlkopf.

Late autumn on Hirschhörnlkopf.

Ein weiter grüner Seenspiegel wie das Tor zu einer unterirdischen Zauberwelt, das ist der Walchensee. Vielleicht liegt es am Bergwald, der ihn wie ein dunkler Ring umschließt: Nie verliert er ganz den Ausdruck von Schwermut und Einsamkeit, egal, ob dunkle Wolkenfetzen über seine grau-bewegte Oberfläche ziehen oder bunte Surfer über das sonnenglitzernde Wasser gleiten. Die Walchenseebilder des Malers Lovis Corinth (1858–1925) haben ihn bekanntgemacht. Der Künstler kehrte die letzten sieben Jahre vor seinem Tod immer wieder an diesen traurig-schönen See zurück.

Lake Walchen – a huge, green, gate-like expanse to a subterranean world of magic. Perhaps because of the mountain forest that surrounds it like a dark ring, it almost always evokes a feeling of melancholy and solitude, no matter whether dark clouds pass over its grey, choppy surface or brightly-dressed surfers glide over its glittering waters.

Das Klösterl am Walchensee hat eine bewegte Geschichte, denn die Klöster Schlehdorf und Benediktbeuern rivalisierten auch hier lange um Besitzrechte und Macht. Heute schrauben sich Tausende von Auto- und Motorradfahrern über die großzügigen Kurven der neuen Kesselbergstraße, genießen die Aussicht im Vorüberfahren oder von der Herzogstandbahn, sind im und auf dem Wasser aktiv. Aber nur wenige nehmen sich Zeit, die Landschaft um das Klösterl still zu genießen.

The little monastery on Lake Walchen has a chequered past, for the monasteries of Schlehdorf and Benediktbeuern were rivals in their quest for property rights and power. Today thousands of motorists and motorcyclists enjoy the view as they wind their way over Kesselberg Road.

So kennen viele den Kochelsee: von der Uferpromenade am Freizeitzentrum Trimini. Hell und offen zeigt er sich, nur im Süden von Bergen bedrängt. Kochel am See ist nicht nur durch den Schmied-Balthes bekannt geworden, einem legendären Helden aus der Sendlinger Bauernschlacht. Es war einmal Heilbad und ist immer noch beliebte Sommerfrische. Maler wie Wassily Kandinsky, Gabriele Münter und Franz Marc entdeckten Anfang des 20. Jahrhunderts den Zauber des »Blauen Landes an der Loisach« und schufen berühmte Gemälde von Kochel und Umgebung.

This photo was taken from the promenade near the bathing facilities of Trimini, the best known view of Lake Kochel. Only the mountains in the south seem to close in on the otherwise open expanses of the lake. Lake Kochel is not only known for Schmied-Balthes, a legendary hero in the peasants' uprising at Sendling. It was once a spa and is still a popular summer resort.

Das ehemalige Augustinerchorherrenstift Schlehdorf blieb immer im Schatten seines blühenden Nachbarn Benediktbeuern. 1803 wurde es säkularisiert, aber 1902 führten es Missionsdominikanerinnen vom Kloster Sankt Ursula wieder seiner ursprünglichen Bestimmung zu. Der strenge Klosterkomplex mit den versöhnlichen Zwiebeltürmen dominiert noch heute das Ortsbild von Schlehdorf. Am Kesselberg zeigen der Stollenausgang vom Walchensee und sechs gewaltige Druckrohre die Lage des Kochelseekraftwerkes an.

In 1803 the Augustinian monastery of Schlehdorf was secularized, but in 1902 the Dominican mission of St. Ursula's convent reopened it. The monastery complex with its severe block of buildings mitigated only by the onion towers dominates the town of Schlehdorf even today.

Kloster Benediktbeuern war jahrhundertelang ein blühendes Zentrum der Kunst, der Wissenschaft, des Glaubens und der Macht. Doch die Säkularisation beendete 1803, was kluge und umsichtige Äbte in fast 1000 Jahren aufgebaut und durch die Wirren der Zeiten gerettet hatten. 1931 zogen dort die Salesianer Don Boscos ein. Durch ihre Arbeit ist das Kloster wieder ein Zentrum geworden: nicht mehr der Macht, aber der Begegnung, der Bildung und des Glaubens.

Before secularization the monastery of Benediktbeuern was a flourishing centre of art, scholarship, faith and political power. In 1931 the Salesians of Don Bosco reopened the monastery, which has once again become a centre – not of power, but of communication, education and faith.

Die Dorfkirche Sankt Georg von Bichl zählt zu den schönsten in Oberbayern. Sie wurde von 1751 bis 1753 von großen Künstlern dieser Zeit geschaffen, denn Bichl gehörte damals zum Kloster Benediktbeuern. Baumeister war Johann Michael Fischer, die Fresken stammen von Johann Jakob Zeiller und das Bildnis des heiligen Georg im Drachenkampf von Johann Baptist Straub.

St. George's, the village church in Bichl, is one of the most beautiful in Upper Bavaria. A masterful creation of the great artists of the time, it was erected between 1751 and 1753. The architect was Johann Michael Fischer; the frescoes are by Johann Jakob Zeiller and the image of St. George in his struggle with the dragon is by Johann Baptist Straub.

Herbst bei Bad Heilbrunn. Das ehemalige königliche Hofbad Heilbrunn ist trotz tausendjähriger Badetradition nie richtig mondän geworden, sondern seiner ländlichen Umgebung treu geblieben. Hervorragende Kuranlagen, Ruhe und Erholung erwarten seine Gäste und schöne Wanderungen über grüne Hügel zu schmucken Weilern und Einzelhöfen.

Autumn near Bad Heilbrunn. Despite its thousand-year-old spa tradition, the former royal spa of Heilbrunn has never quite become an urban centre, remaining true to its rural surroundings. Its guests can expect to find peace and quiet, excellent spa facilities, and beautiful walks over hill and dale to lovely ponds and charming farm houses.

Ried bei Kochel.

Ried near Kochel.

Beschützt von Bäumen ruht die Oberbuchner Kirche Sankt Maria auf ihrem Hügel und lädt ein zum Schauen und zur stillen Rast.

Perched on a hill and surrounded by trees, St. Mary's in Oberbuchen beckons the visitor to stop and view the surroundings.

Der Unterbuchner Weiher steht für viele Weiher im Landkreisgebiet: Fast alle liegen sie idyllisch in Wald und Wiesen eingebettet und vermitteln den Eindruck unberührter Natur. Doch immer mehr Menschen suchen Ruhe und Erholung an ihren Ufern, die sie an den bekannten Badeseen längst vermissen.

The pond in Unterbuchen is typical for many ponds in the district – they almost all are nestled amidst forests and meadows, and seem to be untouched by human hand. More and more people, however, find on these small lakesides the peace and quiet they are looking for and have long been missing at the well-known bathing spots.

Torfanstich im stimmungsvollen Königsdorfer Moor.

Peat cutting in the marshlands around Königsdorf.

Die Häuser von Beuerberg sammeln sich rund um ein ehemaliges Augustinerchorherrenstift und die frühere Pfarrkirche Sankt Maria. Bis zur Säkularisation beherrschte Kloster Beuerberg das Leben im Dorf. Es wurde um 1120 von Berta von Irinsburg (Eurasburg) und ihren Söhnen gegründet. Die ehemalige Stiftskirche Sankt Peter und Paul, heute Pfarrkirche, ist ein Musterbeispiel des Barocks. Richtung Königsdorf, einem sehr alten und traditionsreichen Ort, gehen die Wiesen und Waldinseln an der Loisach in den braunen Teppich des Königsdorfer Moores über.

The houses of Beuerberg were built around a former Augustinian monastery and the former parish church of St. Mary's. Until it was secularized, the monastery of Beuerberg dominated life in the village for hundreds of years. It was founded circa 1120 by Berta von Irinsburg (Eurasburg) and her sons. The former monastery church Sts. Peter and Paul, today a parish church, is an exemplary model of Baroque style. In the direction of Königsdorf, a very old and historic town, the meadows and patches of forest on the Loisach gradually change to the brown carpet of the Königsdorf marshlands.

»Friede dem Eintretenden« wünscht eine der Inschriften an dem freundlichen ungarischen Bauernhoftor vor dem Haus des Dichters Waldemar Bonsels in Ambach.

"Peace to those who enter" is the friendly inscription on a Hungarian farmstead gate in front of the house of the poet Waldemar Bonsel in Ambach.

Originelles Landhaus mit Fachwerkteil an der Seeleitn in Seeheim.

A unique country house along Lake Starnberg in Seeheim.

Villentor in Seeheim.

Gate to a villa in Seeheim.

Lange Zeit war das Ostufer des Starnberger Sees dem Wittelsbacher Königs- und Herzogshaus und wenigen Auserwählten vorbehalten. Doch mit der zunehmenden Mobilität kam im 19. Jahrhundert die Sommerfrische auf dem Land in Mode. Ob in Sankt Heinrich, Ambach, Ammerland oder an der Uferpromenade in Seeheim (im Bild): Seither säumen vor allem originelle, eigenwillige Landhäuser und Villen das Ufer des Sees und verändern das Ortsbild gewachsener Dörfer.

With increased mobility the countryside became a fashionable summer resort. Whether in St. Heinrich, Ambach, Ammerland or on the lakeside promenade in Seeheim (photo), unconventional country homes and villas line the banks of the lake, changing the appearance of the once traditional villages.

Bootshäuser in Ammerland.

Boathouses in Ammerland.

Als Zeremonienmeister hatte Franz Graf von Pocci (1807–1876) nüchtern über die Etikette am bayerischen Königshof zu wachen. In seinem Schloß Ammerland träumte er sich in die Zeit der edlen Ritter zurück. Aber er war kein Phantast, sondern ein ausgesprochen phantasievoller und vielseitiger Mensch. Seine Kompositionen sind wie vieles andere fast vergessen, aber eine seiner Schöpfungen kennen wir alle: den Kasperl Larifari, der uns durch seine Dummheit freut und am Ende doch meist der Gescheitere ist.

As master of ceremonies it was the responsibility of Franz Count of Pocci (1807–1876) to maintain the proper etiquette at the Bavarian royal court. In his palace in Ammerland he dreamt of the noble knights of the past. He was not a starry-eyed idealist, but rather a creative and many-sided individualist. His compositions like many of his other creations have almost been forgotten, but every German knows the Punch-and-Judy figure Larifari, whose stupidity is hilarious, but who in the end turns out to be the clever one.

Wegkreuz am Wasen in Wolfratshausen.

Wayside cross in Wolfratshausen.

Ehemalige Wallfahrtskirche Sankt Laurentius in Nantwein; die Innenausstattung stammt überwiegend aus den Werkstätten Wolfratshauser Meister, die sich vor allem im 17. Jahrhundert rundum einen Namen machten. Nantwein verdankt seinen Namen dem Rompilger Nantivinus, der hier 1286 unschuldig verbrannt worden sein soll.

The former pilgrimage church of St. Lawrence in Nantwein. The master workshops of Wolfratshausen, which had gained renown especially in the seventeenth century, created the decoration for the church's interior.

Bürgerhäuser mit hübschen Fassaden am Obermarkt.

Citizen's homes with attractive façades on Obermarkt.

Eine vertraute Ansicht der Stadt Wolfratshausen: die Loisach, dahinter die eng gedrängte Altstadt mit der katholischen Pfarrkirche Sankt Andreas. Jahrhundertelang beschränkte sich der alte Flößer- und Brauermarkt Wolfratshausen auf das linke Loisachufer und kleinere Siedlungen auf der anderen Uferseite. Heute ist alles zu einer Stadt verschmolzen. Die Nähe zu den Bergen, die Lage im Grünen, gute Verkehrsanbindungen und kulturelle Angebote machen Wolfratshausen so attraktiv und lebendig.

A well-known view of Wolfratshausen: the Loisach, the old town centre with the Catholic parish church of St Andrew's. For hundreds of years the historic rafting and brewery town of Wolfratshausen had its centre on the left side of the Loisach with smaller settlements on the other side. Today they have expanded into one city.

»Flößer sind lustige Leut'«, sangen die alten Flößer, als sie die Isar und die Loisach noch im ganzen Landkreisgebiet befahren konnten. Ab Wolfratshausen sind Isar und Loisach noch floßbar. Die Flöße starten auf der Isar an der Marienbrücke oder an der Weidachmühle auf der Loisach. Lustig sind heute vor allem die Floßgesellschaften, die sich bei viel Bier und zünftiger Unterhaltung gemächlich durch die schöne Landschaft Richtung München-Thalkirchen treiben lassen.

Rafts can still travel on the Isar and Loisach from Wolfratshausen to Munich (Thalkirchen). The rafts begin at Mary's bridge on the Isar and at the Weidach mill on the Loisach. A ride on a raft through beautiful countryside with beer, music and pleasant company is an unforgettable experience.

n. München
Iffeldorf
Penzberg
Loisach
n. München
Oberbuchen
Bad Tölz
Waakirchen
Reichersbeuern
Greiling
Habach
Bad Heilbrunn
Blomberg
Isar
Gaißbach
Wackersberg
Bichl
Arzbach
Benediktbeuern
Lenggries
Ried
Schlegldorf
Loisach
Loisach
Geierstein
Brauneck
Benediktenwand
Kochel
Wegscheid
Schlehdorf
Fleck
Kochelsee
Hirschhörndlkopf
Schönberg
Jochberg
Winkel
Isar
Herzogstand
Urfeld
n. Tegern
Achenpaß
Jachen
Walchensee
Walchensee
Jachenau
Sylvensteinsee
Isar
Vorderriß
Fall
Demeljoch
Achenkirch
Rißbach
Schafreuter
Krün
Landkreis Bad Tölz-Wolfratshausen
Südlicher Teil
n. Mittenwald
C.V.'9